월주국

임보 시집

월주국 月舟國

건강신문사
www.kksm.co.kr

자서 自序

　이 시집 『월주국』은 2019년의 작품 50편과 2020년에 쓴 28편의 작품을 모은 것이다.
　일관된 주제가 있는 것이 아니고 생산된 순서대로 그냥 묶었다.
　시도 재미있는 글이어야 된다는 생각을 가지고 쓴 것들인데 독자들에게 어떻게 가 닿을지 나도 궁금하다.
　바라건대 이 시편들이 독자들의 무거운 마음을 조금이라도 가볍게 할 수 있는 위로가 되었으면 좋겠다.

　이 시집이 세상에 일찍 모습을 드러낼 수 있게 된 것은 공산公山 천영필 시인의 덕분임을 고맙게 생각한다.

2024년 4월
삼각산 아래 운수재에서
임보

차례

자서自序 • 5

월주국

60년 만에 듣는 목소리 • 12
산골 마을회관 • 13
월주국月舟國 • 14
합작合作 • 16
휴대폰 • 17
페이스 북에 얼굴 팔기 • 18
네루다의 질문에 대한 대답 • 20
미스터 T • 22
폐농廢農 • 23
자子 • 24
세상의 주인 • 26
쓸데없이 • 27
지금 그 자리가 괜찮네 • 28
우쭐댈 것 없다 • 30
뻐꾸기 울음 • 31
나는 어떤 존재인가? • 32
술 싸움 • 34
아내의 전화를 엿듣다가 • 36
적막 일기 • 38

절대고독

둥굴레 • 42
바쁘다 바빠 • 44
부처님 찾기 • 45
이 놈아 무슨 소리 • 48
절대 고독 • 49
어떻게 기도해야 하니이까? • 50
무란舞蘭 • 51
새 아리랑 • 52
내게도 걸프랜드가 생겼다 • 54
부질없는 생각 • 56
가치 있는 삶 • 58
하느님과의 문답 • 60
정치판 • 61
고래는 왜 바다로 다시 돌아갔는가? • 62
책이 사람을 밀어낸다 • 64
문득 성전을 보다 • 66
나는 참 무식하다 • 68
나도 거짓말쟁이다 • 70
필가묵무筆歌墨舞 • 73
호접란 • 75
신명난 데이트를 했네 • 78

겸손

겸손 • 80
아이고 아이고 • 81
나는 별로 외롭지 않다 • 82
벨뷰우 스위트에서 • 84
10월은 • 86
섭囁 • 88
꽝 • 90
아내의 계명·2 • 92
고목에 검버섯 피듯 • 94
오늘도 열 권을 팔다 • 96
어떻게 살아야 하나? • 98
효자손 • 101
나는 외로운 친구를 좋아한다 • 102
두문杜門 • 104
적막한 부음 • 105
시수헌詩壽軒 찾기 • 106
한번 출마를 해 봐? • 108
천상의 군병들 • 110
소주 점심 • 112

깊은 뜻

마스크 소굴 • 116

권속들 • 118

건국 모색 • 120

긴 한나절 • 122

참 놀라운 일이다 • 123

태풍 • 124

오우五友 • 126

국력은 무엇인가? • 128

나의 일상 • 130

가축들의 반란 • 132

어디로 가 본다? • 134

노취老臭 • 136

나는 이번 총선을 거부한다 • 138

고맙고 고맙도다 • 140

참! • 141

오십보백보 • 142

깊은 뜻 • 143

불멸의 충고 • 144

탄로가嘆老歌 • 145

월주국

60년 만에 듣는 목소리

이른 아침에 낯선 전화가 와 받았더니
시골 중학교 동창생이다

내 시집 〈사람이 없다〉를 읽고
목소리를 듣고 싶어 전화를 했다는 것

시가 이렇게 재미있는 줄 몰랐다는
옛 친구의 듣기 좋은 말에 귀가 환히 밝다

친구의 낯선 목소리를 들으며
주름진 낡은 얼굴을 그려본다

반백 년 전의 옛 친구를 불러오다니
내 시가 나보다 한 수 위인가 보다.

산골 마을회관

젊은 사람들은 다 떠나고 없는
조용한 산골 마을이다

일이 없는 농한기에는
노인들이 마을회관에서 함께 지낸다

아들이 사준 큰 냉장고도 옮겨 놓고
딸이 마련해 준 안마의자도 갖다 놓고

어제는 팥죽을 쑤어서 호호거리며 먹고
오늘은 닭죽을 쑤어서 깔깔대며 먹는다

노래 선생이 오는 날은 흥겹게 노래 부르고
춤 선생이 오는 날은 신나게 춤을 춘다

가끔 손주들 보러 도시에 나갔다가도
동네 친구들을 못 잊어 금방 되돌아온다.

월주국 月舟國

태평양을 항해하다가
탐라도 크기의 아담한 무인도를 발견했다

사철 온화한 날씨에
아열대의 과일들이 지천으로 열려 있고
바닷가에 나가면
은빛 고기들이 떼를 지어 몰려든다

그 섬에 한 나라를 세우기로 한다
이름하여 월주국 月舟國이다
그리고
그 나라의 주민들 선발에 들어간다

영특하거나 너무 부지런한 사람들은 제외하고
남을 생각할 줄 아는 수더분한 성품의
좀 느린 사람들을 찾는다

내가 한평생 만났던 사람들 가운데서
밤새도록 들었다 놨다 골랐는데
낙점된 사람은 겨우 다섯뿐이다

다섯 가운데서도 셋은 이미 세상을 떠났고
가까스로 두 사람만 남았는데
그들도 내 청을 들어줄지는 의문이다

구성원이 이리 부실해서야 원!
그러니 지상에서의 내 이상향 건국은
아무래도 잠시 미뤄둬야 할 것만 같다.

합작合作

    요즘 연속드라마 작가는 한 사람의 이름으로 나가지만
    여러 사람들이 아이디어를 모아 함께 쓴 합작이라고 한다

    조각은 일찍부터 제자들과 석공의 힘을 빌어 만들었으니
공동작이거나 합작인 셈이다

    일찍이 우이동시인들도 합작시를 시도해 본 바 있다
네 사람이 차례로 이어받아 한 연씩 써 내려갔다

    소설도 가능하지 않을까?
몇 사람이 릴레이식으로 이어서 써 가는 형식

    그러면 주제가 헷갈리지 않겠느냐고?
어차피 꾸며낸 얘기거늘 그게 그리 대순가?

휴대폰

아내의 전화기는 온종일 불이 나는데
내 전화기는 늘 태평이다

월 4만원씩 빠져나가는 할부금이 아깝다

그래도 열심히 충전을 해서
외출할 때 잘 데불고 다닌다

더러 울려서 보면 귀찮은 광고거나
잘못 걸려온 전화…

하기야,
'약 챙겨 먹고 나갔느냐'고 확인하는
아내의 전화가 더러 오기는 한다.

페이스 북에 얼굴 팔기

페이스 북의 주인공은
'페이스'라는 이름에 걸맞게 얼굴이다

예쁘게 분칠한 얼굴을 뽐내기도 하고
고운 차림을 한 몸을 선보이기도 하고
유명인과 나란히 함께한 모습이며
명승지를 유람하는 자신을 자랑키도 한다

어떤 이는 꽃과 함께
어떤 이는 음식과 함께
어떤 이는 개와 함께…

나는 함께할 것이 별로 없어
가끔 시를 내세우기도 하는데
시도 곁에 들러리서는 그림이 있어야
'좋아요'가 올라간다

그런 페북에 실망해서
두문불출한 친구도 있는데
나는 물정도 모르고
오늘도 아침 일찍부터 나와
여기저기 기웃거리고 있다.

네루다의 질문에 대한 대답
「우리는 질문하다가 사라진다」에 화답함

도마뱀은 딸기밭에서 물감을 사 오고
소금은 물고기 비늘에서 투명함을 빌어 오며
석탄은 천만 년의 잠 속에서 얼굴을 태운다

꿀벌은 엄마 젖꼭지에서 꿀의 맛을 처음 맡고
솔은 봄꽃들에 주눅 들어 제 향기를 결심하고
오랜지는 보름달을 보며 둥근 믿음을 배우고
연기는 굴뚝을 빠져나오며 공중을 나는 법을 익히고
뿌리들은 목이 마를 때 서로를 도닥이며 이야기를 나눈다

별들은 한밤중 은두레박으로 샘물을 길어 올리고
전갈은 낙타의 발굽에 맞서려 매운 독을 품게 되고
거북이는 온종일 물에 떠 명상하며 해탈을 꿈꾸고
그늘이 사라지는 곳은 어디일까? 빛의 입 속이다

빗방울이 부르는 노래는 '물과 바람의 판타지'
새들이 마지막 눈을 감은 곳은 열반의 언덕
나뭇잎이 초록인 건 꽃들에게 고운 색을 양보함이고…

우리가 알고 싶은 건 끝도 없어
열심히 묻고 배우고 하건만
그래도 세상은 모르는 것 투성이라고?
그래서 단지 질문하다 사라질 뿐이라고?
그러니 세상은 얼마나 살 만한 곳인가!

미스터 T

자칭 재산이 12조 원대라고 떠벌이면서도
자기 이름의 회사를 4차례나 파산시킨 자

정치경력이 전혀 없음에도 예상을 뒤엎고
제왕의 자리를 거머쥔 부동산업자

베트남 참전에 5번이나 병역 소집을 피하고
교전지의 군대를 한 번도 찾지 않은 겁쟁이

불법이민자를 추방하고 난민의 유입을 막기 위해
철조망으로 국경선을 봉쇄하는 백인 우월주의자

지구온난화 환경에는 무관심하고
돈과 여자를 밝히는 데만 혈안인 독불장군

자기과시욕에 불타는 자만과 독단의 화신
언제 터질지 모르는 예측 불능의 화약고.

폐농廢農

금년 들어
농사를 그만두기로 했다

허리도 아프고
걸음도 시원찮아

구청으로부터 임대 받은
세 평의 밭에

씨 뿌리고 가꾸는 일을
그만 멈추기로 했다

이번 여름엔

상추며 가지며 고추며
싱싱한 푸성귀 먹기는

다 글렀다!

자子

'子'는 '아들'이나 '새끼'를 뜻하는 한자인데
그밖에도 수십 가지 다양한 의미로 쓰인다

이름에
孔子(공자), 老子(노자), 莊子(장자)…라고 하면 성현을 뜻하고
椅子(의자), 冊子(책자), 帽子(모자)…라고 하면 물건을 뜻하며
春子(춘자), 福子(복자), 末子(말자)…라고 하면 여성을 뜻한다

어떤 때는 자기를 뜻하는 1인칭 대명사로
어떤 때는 상대를 뜻하는 2인칭 대명사로
달리 쓰이기도 한다

그 다양한 의미들의 한자를

헷갈리지 않고 쓰며 살아가는 사람들
참 신통하기도 하다.

세상의 주인

신비로워라
세상의 시작은 어디이고
세상의 끝은 어디인가?

그것 알 것 없다
개미는 개미의 세상이 있고
수리는 수리의 세상이 있다

네가 보는 만큼
네가 듣는 만큼
그대의 세상은 그만큼 크다

그대가 서 있는 곳
그곳이 바로 세상의 한가운데
그대가 곧 그대 세상의 주인이다.

쓸데없이

쓸데없는 얘기 지껄이다가
세월 다 보낸다

쓸데없는 곳 돌아다니다
인생 다 거널낸다

쓸데없는 일 기웃거리다
볼 일 다 본다

지금 내가 하고 있는 이 짓도
쓸데없는 일 아닌가?

하기야 세상 어지럽히는 것보다
쓸데없는 일이 차라리 나을지….

지금 그 자리가 괜찮네

친구여,
그대의 지금 처지가 불만스럽다고?
그럼 어떤 자리가 부러우신가?

부자였으면 좋겠다고?
얼마나 가진 부자를 바라시는가?
한 1천억쯤 가진다면 흡족하시겠는가?

설령 그대가 지금 1천억 갑부라면
만족하실 것 같은가?
어쩌면 2천억을 더 갖고 싶어
오매불망할지도 모르네

자네의 직업이 만족스럽지 못하다고?
그럼 무슨 직종이면 흡족할 것 같은가?
검사? 판사? 의사?

범법자들과 맞서는 검사의 일이 쉬울 것 같은가?
잘잘못을 따져 심판하는 판사가 행복할 것 같은가?
병자들을 돌보는 의사가 힘든 직업인지 모르시는가?

이 세상에 즐겁고 신나는 직업은 없네
너무 많이 갖는 것도 부담스러운 일이네
욕심을 줄여 스스로 만족하는 것이 행복이네
지금 자네가 누리고 있는 그 자리가 그래도 괜찮네
그 동안 얼마나 많이 공들여 얻은 자리가 아닌가?

우쭐댈 것 없다

지금 단두대를 향하여 걸어가는
사형수의 남은 시간은 단 10분!

어떤 말기 암환자는
남은 삶이 겨우 몇 개월인 경우도 있다

앞길이 양양하다고
물정도 모르고 우쭐대는 사람들아!

모든 생명체는 다 사형수다
다만 그 집행일을 모르고 있을 뿐!

뻐꾸기 울음

폐지를 가득 실은 리어카 한 대
긴 오르막길을 오릅니다
하굣길 초등학교 애들 댓 놈
개미들처럼 뒤에 매달려 밉니다

고개 위에 오르자
앞에서 끌던 주인이 수레를 멈추고
뒤를 보며 외칩니다
"고맙구나, 애들아!"

밀짚모자를 벗고 땀을 닦는
할아버지의 빠진 이가
환히 웃습니다

아이들은 조잘대며 내려가고
산동네 숲 속에선
뻐꾸기가 신명나게 웁니다.

나는 어떤 존재인가?

나는 부모에게 괜찮은 자식이었나?
나는 아내에게 괜찮은 남편이었나?
나는 자식에게 괜찮은 아비였나?

스승에게 괜찮은 제자였나?
친구에게 괜찮은 벗이었나?
이웃에게 괜찮은 사람이었나?

때로는 미움의 대상이기도 했으리
때로는 원망의 대상이기도 했으리
때로는 건방지고 부담스런 존재
때로는 아니꼽고 귀찮은 존재이기도 했으리

점수로 치면 한 60점쯤이나 될까?
겨우 과락을 면할 정도는 될까?

나는 어떤 국민이었나?

나는 어떤 시민이었나?

불평불만만 늘어놓는 놈팡이는 아니었나?

세상을 위해서 인류를 위해서

나는 무슨 유익한 일을 했나?

없었어도 무방한 존재는 아니었나?

생각이 여기에 미치고 보면

내 성적은 전 과목이 과락을 면치 못할 것만 같다.

술 싸움

술 마시고 취중에 정신없어 싸우는 싸움이 아니라
주석에서 술을 더 먹겠다고 벼르는 싸움이 아니라

나 혼자 술잔을 놓고
옥신각신 나와 술이 겨루는 싸움이다

좋아하는 술을 차마 끊지는 못하고
절주를 하겠다고 스스로 맹세한 처지
그래서 하루에 두 잔을 넘지 않기로 약속을 했다

헌데
반가운 사람과 마주 앉아 대작을 하게 된다든지
괜찮은 안주가 앞에 놓이게 되면 마음이 흔들린다

한 잔만 더해?
아니, 반 잔만 더해?

밀고 당기며 한참을 싸우다 보면
어느 새 술이 나를 이기고 있다

술과의 싸움은 늘
백전백패다.

아내의 전화를 엿듣다가

내 아내는 친구들이 참 많습니다
교회며 동창회며 하루 종일
전화가 끊일 사이가 없지요
그래서 본의 아니게 통화의 내용을
듣게 되는 경우가 더러 있습니다

아무개는 말이야
정신이 흐려
금방 했던 얘기도 잊고 다시 묻는단 말이야

아무개는 말이야
치매 초기 같아
지난번에도 지하철 출구를 몰라 헤맨 걸
내가 데려갔지 않아?

당신께서는 아직 건재하다는 말씀 같다

내가 보기엔
당신께서도 별로인데 라는 말을 하고 싶지만
그냥 듣고만 있습니다

만일 그랬다가는
흐리멍덩하기는 당신도 마찬가지라는 얘기를
듣게 될 것이 뻔하므로…

적막 일기

　　내 시집 〈아내의 전성시대〉를 중국어로 번역하겠다는
한 가난한 조선족 친구가 번역원에 신청을 했는데
낙방이 되었다는 소식이다

최근에 발간한 네 마디 짧은 시의 모음
내 스물두 번째의 시집 〈수수꽃다리〉를 읽고
좋았다고 보내온 엽서 한 통을 받다

후배의 자당께서 97세로 세상을 떠났다는 부음
문상은 못 가고 조의만 보내다

부다페스트 다뉴브 강에서 침몰한 유람선
한국인의 시신을 하류에서 2구 추가 발견했다는 보도

저녁 대신

매실주 두 잔을 오이 안주로 넘기다

평소처럼
저녁 7시에 침소에 들었지만
쉬 잠이 올 것 같지 않다.

절대고독

둥굴레

아침에 일어나 뜰을 어정거리며
눈에 띄는 식물들의 이름을 불러본다

늦바람이 나서 꽃송이를 덕지덕지 매달고 있는
'능소화'에 눈길을 보내고
꽃봉지를 주렁주렁 꿰차고 있는
'참나리'에게도 고개를 끄덕이고
무성하게 잎을 드리우고 있는 운수재의 여왕 '백모란'에게도
탱자만큼 열매를 키운 '명자나무'에게도
지난겨울 추위에 거의 죽었다 가까스로 살아난 '목백일홍'에게도
아름드리 거목 '소나무'는 그만두고라도
내게 매실을 듬뿍 안겨준 '홍매화'며 그 곁의 감나무 '거봉'에게도
이름을 부르며 인사를 건넨다

아니, 작은 놈들도 그냥 지나칠 수야 없지

병정들처럼 늘어선 '회양목', 가시돋친 '엄나무', 불임의 '수수꽃다리'

'비비추' '방앗잎' '왕고들빼기' '하수오' '취' '부추'

그리고 돌확 속의 '노랑어리연' '들깨' '고추' '도라지'

…… 그런데, 저놈 이름이 뭐더라? 가물가물 또 잊었다

며칠 전에도 잊어먹고 가까스로 생각해 낸 놈인데

타원형의 저 푸른 잎, 뿌리가 차의 원료가 되기도 하는

… 가 …나 …다 …라…

다? 더? 도? 두?… (머리가 간질간질하다) 둥둥… '둥굴레!'

한참만에야 가까스로 잡아냈다!

바쁘다 바빠

미스 김도 찍어 주고
미스터 리도 눌러 주고

미스 박도 봐 줘야 쓰고
미스터 장도 챙겨 줘야 허고

얼굴도 곱상
몸매도 빵빵
말수도 좋은 친구들…

페이스 북
동네 한 바퀴 돌리려면
해가 짧다 짧아!

부처님 찾기

내 방엔
목탁도 있고, 불상도 있고, 염주도 있고
불경도 몇 권 있다

목탁은 수년 전에 악기로 써 볼까 하고 손수 구입한 것이고
불상은 어느 여류가 돈황엘 갔다가 기념으로 사 온 것이고
염주는 한 불자 문우가 손목걸이 장식품으로 가져다 준 것이고
법화경 등 몇 불경은 궁금증을 풀어 볼까 하고 마련한 것인데
절반도 못 읽고 밀쳐둔 것들이다
운수재의 처마 끝에는 풍경이 이미 매달려 있으니
내 글방의 한 귀퉁이에 부처님을 모셔도 어울릴 것 같다

다만 좀 마음 거리끼는 바는 우리 집사람- 안 권사님이다

내가 목탁이나 치면서 염불을 한다면

어떤 사태가 벌어질지는 뻔한 일이 아닌가?

그러니 굳이 세상을 어지럽힐 일은 삼가는 게 좋을 것 같다

부처님이야 마음속에 계신다 하지 않던가?

이 몸이 바로 법당이니 따로 절방을 세울 것도 없지 않는가?

나는 오늘도 늦은 시간까지 홀로 앉아서

내 안에 부처님이 어디 계신가 찾고 있다

날마다 술이나 마시려 드는 주정뱅이 저 놈 같지는 않고

나라가 왜 이 지경인가 불평불만만 가득한 저 놈 같지도 않고

어떻게 기똥찬 시를 맨들어 낼까 호시탐탐 노리는 저 놈 같지도 않고

세상이 왜 절 몰라주나 하고 의기소침해 있는 저 놈 같지도 않고

도대체 부처 그 양반 어디가 숨어 계신단 말인가?

그분도 어딘가 숨어서 몰래 나를 훔쳐보고 계시는가?

그러면서 이 도적들의 소굴에 어찌 내가 나갈 수 있겠느냐며

혀를 차고 계실지 모르겠다

그렇다면 이 도적놈들을 어떻게 다 몰아낸다?

우선 목탁이라도 힘껏 두드려 쫓아내 보는 수밖에-

탁! 탁! 탁!…

이 놈아 무슨 소리

천하명승 다 둘러보고
산해진미 다 자셔보고
팔도미인 다 보셨으니
이젠 그만 떠나도 되겠구려

이 놈아 무슨 소리여?

오늘 본 것 새롭고
내일 본 것 더 신기하고
곳마다 새 풍물이요
날마다 새 사람인 걸

이 놈아 무슨 소리여?

절대 고독

내가 보고 있는 저 꽃의 붉은 빛깔
그대의 눈에도 꼭 저렇게 붉은 색일까?

내 코에 와 닿는 저 감미로운 향기
그대의 코에도 꼭 그렇게 황홀할까?

내 귀가 듣는 저 새의 맑은 지저귐 소리
그대의 귀에도 꼭 그렇게 영롱히 들릴까?

아닐 거야, 각기 다른 신체적 조건을 가졌는데
어찌 꼭 같을 수 있겠는가?

내가 보고 듣고 느끼는 감각들은
그대가 보고 듣고 느끼는 감각들과 같을 수가 없다

그대와 나 사이에 놓인 이 캄캄한 암흑
우리는 선천적으로 소통 부재의 고독한 존재다.

어떻게 기도해야 하니이까?

자신을 위한 기도가 아니라
남을 위한 기도여야 하니이까?

행복을 위한 기도가 아니라
평화를 위한 기도여야 하니이까?

바라는 기도가 아니라
참회하는 기도여야 하니이까?

불쌍하고 어려운 이들을 위해 기도하면
이루어 주시니이까?

무란舞蘭

춤추는 난초로다
세 개의 이파리가 허공에 심은 길이로다

천天 지地 인人
세 기운이 빚어낸 한 송이 꽃
시詩의 꽃이로다

한 송이 작은 꽃이 품은 향기가
천리의 산하에 흐르도다

한 편의 작은 시가 빚은 여운이
온 세상에 가득 스미도다.

* 시선집 『그런 사람을 어떻게 얻지?』(시선사, 2019)의 시집 첫머리 간지에 세 이파리의 춤추는 난-무란舞蘭을 손수 그려 넣어 〈무란본舞蘭本〉을 만들어 세상에 내놓은 바 있다. 이 시는 그 그림을 찬한 것이다.

새 아리랑
-우이동아리랑

(아리랑 아리랑 아라리요 아리랑 고개로 넘어가자)
[후렴구]

나를 찾아서 오시는 님은 십리도 멀다고 달려서 온다

우이동 골짝은 몇 구부인가 구부야 구부구부가 절경이로구나

삼각산 자락엔 선비들이 살고 한강수 강변에 한량들이 논다

앞집의 처자가 시집을 가더니 뒷집의 총각이 상사병이 난다

동해엔 오징어가 떼로 밀려오고 서해엔 조기가 만선이로구나

백두산 천지엔 청룡이 살고 한라산 숲 속엔 봉황들이 논다

천 년 전 백제 고을 찾아와 보니 낙화암 부벽루만 쓸쓸하구나

우리시 회원들 인정도 많고 우리시 시인들 시들도 좋다

우리시 회원들 노래도 잘하고 우리시 시인들 춤도 잘 춘다

우리시 회원들 더 건강하시고 우리시 시인들 복 많이 받소

* 이 〈우이동 아리랑〉은 우리시 여름시인학교에서 부르기 위해 만들었던 것임.

내게도 걸프랜드가 생겼다

프랑스 태생의 흑발의 여인
검은 눈에 오똑한 코
사슴보다 날씬한 몸매
그리고
영롱한 목소리에 그윽한 미소
노래도 잘하고
무용도 잘한
명랑하고 청순한 소녀

.

.

.

이름이 뭐냐고?

예나!*

나이는 몇이냐고?

그것도 밝혀야 하나?

열

세

살

!

* 예나 : 프랑스에 거주하는 공은화 화백의 딸.
몇 시인들이 어느 여름날 우이동에서 이 모녀와 한나절 흥겹게
지냈다.

부질없는 생각

어떤 퇴직 교사는
요즘 뜨는 세계적인 모 축구 선수를 초등학교 때 길렀다며
자랑스러워한다

또 어떤 중견 시인은 술자리에서
자기가 조지훈 시인의 제자라며 기고만장하기도 한다

그런데
나를 길러 주신 은사님들은 이미 다 떠나셨으니
나를 다독여 줄 그분들의 말씀은 들을 길이 없다

하지만
한평생 나를 거쳐 간 제자는 기천 명은 될 텐데
나를 들먹이며 자랑스러워 할 자가 혹 있을까?

숨기려 하지나 않는다면
다행일 것 같다

생각해 보면
모든 게 다
'나'에게 달려 있지 않는가?

가치 있는 삶

한 젊은이가
어떻게 사는 게 가치 있는 삶인지
천하를 떠돌며 물었다

높은 관직에 오르도록 하라

수만 군병을 거느린 장수가 되라

재물을 많이 모으도록 하라

세상이 우러러보는 학자가 되라

만나는 사람마다 일러주는 말이 다 달랐다
넋을 놓고 그늘나무 밑에서 쉬고 있는데
한 노인이 소를 몰고 지나기에 또 물었더니

"배고프면 먹고
 졸리면 자고
 부지런히 일하면서 살아라!"

또 다른 대답이다.

하느님과의 문답

"하느님! 왜 모기는 만드셨어요?"
라고 내가 묻자
이윽고 하느님이 대답하신다

"그놈 참!
 수많은 중생들이 내게 탄원하는 게 뭔 줄 아느냐?"

"뭔대요?"

"왜 인간을 만들어 놓으셨어요? 라는 거란다!"

"……!……"

정치판

정치란 나라와 백성을 다스리는 것이렷다
정치가란 그런 사명을 띄고 살겠다는 사람이렷다
그런데 작금의 정치판을 보면 그런 정치인은 보이지 않는다
여당은 정권을 사수하기 위해 고군분투하고
야당은 정권을 탈취하기 위해 분골쇄신이다

나라가 얼마나 빚을 짊어지게 되든
국민의 삶이 얼마나 어렵게 되든 상관없다
마치 광야에서 죽은 사슴 한 마리 놓고
아귀다툼을 벌이고 있는 야수들
하이에나나 독수리 무리들 같다

나라와 나라 사이도 마찬가지다
미국과 중국의 무역전쟁
일본과 한국의 교역갈등
모두 박 터지는 싸움이다.

고래는 왜 바다로 다시 돌아갔는가?

넓은 바다에 살고 있는 고래가
물고기와는 다른 포유동물이라는 사실이 나를 경악
케 한다

한때는 코끼리나 매머드처럼 거대한 몸집으로
지상에 군림하는 짐승이었으리

그런데 지상의 삶이 여의치 않자
다시 바다의 고향으로 되돌아간 것이리라

사나운 이빨을 가진 짐승들과는 더불어 살기 싫다고
날개를 만들어 몸을 띄우기는 너무 힘들다고…

그래서 육지보다 더 넓은 바다 세상으로
다시 되돌아간 것이리라

그리고 수수만년 바다를 누비며 떠돌다

수많은 어류들을 거느리는 제왕의 자리에 오른 것이다.

책이 사람을 밀어낸다

매일 한두 권씩 배달되는 책들이
책상 위를 점령하고

방을 점령하고
마루를 점령하고

드디어 현관까지 점령한다

내가 앉을 자리에 책이 앉고
내가 누울 자리에 책이 눕는다

그놈들을 치워야 하는데
그놈들을 버려야 하는데

서명을 해 보낸 이가 생각이 나고
책에게 미안키도 하여

차일피일 미루다 보니

책들이 내 집을 거의 다 장악하여
책들이 내 집의 주인이 되었다

이젠 책을 치우는 일보다
내가 밀려나는 편이 더 쉬워 보인다.

문득 성전을 보다

음식점 불고기 철판 집개를 잘못 만지다
바른손 검지손가락 끝을 데어 부풀어 올랐다
치약을 바르고 일회용 반창고를 감았다

숟가락을 잡을 때도 걸리고
자판기를 두드릴 때도 걸리고
무엇을 잡거나 쥘 때마다 걸린다

평소에 내 바른손 검지손가락 끝이
그렇게 많은 일을 한 걸 모르고 지내다니
무심했던 내가 미안한 생각이 들었다

하기야 고마워해야 할 놈이 어찌 그놈뿐이겠는가?
이목구비를 위시해 내 신체의 모든 기관들이
일사불란 최선을 다해 내 몸을 받들고 있거늘

내 생명이 얼마나 많은 것들의 총체적 협동에서
이루어지고 있는 걸 생각하면 참 숙연키도 하다
내 생명이 담긴 이 육신- 성전聖殿이다!

나는 참 무식하다

나는 증권의 문외한이다
코스피가 뭐고
코스닥이 뭔지 모른다

아니, 증권만 모르는 게 아니라
관직도 잘 모른다
사무관이 몇 급인지
서기관이 몇 급인지

나라들도 잘 모른다, 특히
-스탄으로 끝나는 중앙아시아 이슬람국가들
타지키스탄 키르키스스탄 우즈베키스탄 카자흐스탄…
내게는 천국의 지명처럼 낯설기만 하다

요즘 잘 나간다는 배우들도 모르고

가수며 아이돌도 그 얼굴이 그 얼굴 같아
잘 구분이 안 간다

하기사
친했던 동창 이름도 헷갈리고
어쩌다 만난 서양 음식들도
나를 주눅들게 한다

원래 기억력도 부실한데다
나이가 드니 더 그렇다.

나도 거짓말쟁이다

청문회 중계를 지켜보다
내 스스로를 돌아보게 된다

나는 정직한 사람인가?

이것저것 먹는 약이 많아
아내가 자주 나를 채근한다

약 들었어요?
음! (아직 안 먹고도)

매일 아침 아내는
속옷을 갈아입도록 재촉한다

옷 갈아입었어요?
음! (안 갈아입고도)

약 챙겨 먹는 것도
옷 갈아입는 것도 귀찮아
나는 자주 거짓말로 대답한다

음!
음!

배가 고프면서도
괜찮다고 대답하기도 하고

기분이 언짢으면서도
괜찮다고 말하기도 한다

좋으면서도 좋아하지 않은 척
싫으면서도 싫어하지 않은 척

나를 숨기기도 하는
거짓말쟁이!

필가묵무 筆歌墨舞

인사동의 한 식당에 점심을 하러 들렀는데
그림과 글씨를 담은 액자들이 즐비하게 걸려 있다

내가 앉은 식탁의 맞은편 벽에
초서로 흘려 쓴 글씨가 있기에 주인에게 물었더니

'필가묵무 筆歌墨舞'라며 친절하게
'붓이 노래하고 먹이 춤을 춘다'는 뜻이라고 일러 준다

일필휘지의 정황을 붓이 춤을 춘다면 혹 모르겠으나
붓이 노래를 하고 먹이 춤을 춘다?

'필묵가무 筆墨歌舞'를 그렇게 나누어 썼을 터
운필 運筆을 가무에 비유해 흥겹게 쓴 것이리라

술 한 잔 먹고 흥청거리며 갈겨대는 취필 醉筆이거나

장난삼아 휘두르는 희필戱筆을 이르는 말로 보인다

그러니 붓이 춤을 추건 노래를 하건 따질 것 없이
그 경계도 넘어선 초탈한 무아지경無我之境이란 말인가?

서당 개 삼 년이면 풍월을 읊는다 했는데
서화가 드나드는 인사동은 식당도 참 격이 높다.

호접란

지난해 내 생일을 축하한다며
어린 손자 녀석이 작은 화분 하나를 가져 왔다

컵만 한 플라스틱 화분에 담긴 삼엽三葉 호접란인데
몇 송이의 붉은 꽃을 달고 있었다

꽃이 진 뒤에는 귤나무 화분 밑 그늘 속에 밀어넣어 두고
가끔 물을 주는 것도 잊고 지냈다

다음 해, 매화가 피었다 지고, 산당화가 또 피었다 지고,
모란이며 귤꽃에 눈이 팔려 주인은 세월 가는 걸 잊었다

여름이 거의 끝날 무렵 어느 날 아침에,

아내가 무엇이 맺혔다며 귤나무 밑 호접란을 가리켰다

물도 제대로 못 얻어먹은 작은 호접란이
가느다란 꽃대 끝에 6개의 꽃망울을 달고 있었다

미안도 해라! 그놈은 주인이 돌아보지 않아도
귤나무 그늘 밑에서 제 할 일을 묵묵히 하고 있었던 게 아닌가?

먼지 앉은 잎을 잘 닦고 물을 준 다음
창가의 내 책상 위로 자리를 옮겨 놓았다

비스듬히 뻗은 꽃대 끝에 날개를 펼치고 앉아 있는
여섯 마리의 붉은 꽃나비 떼들!

그놈이 나를 만나려고 몇 억만의 시공을 저리 날아 왔는가?

생각하면 아득하고 아득해 보는 눈이 시리기만 하다.

신명난 데이트를 했네

모처럼 서울 한복판 종로에서 데이트를 했네
그것도 한 여성이 아니라 세 여류들과 더불어

중화요리점에서 거나하게 점심을 먹으며
50도짜리 빼주 한 병 얼큰히 마신 다음

국일관 15층 찻집에 들러 대추차 한 사발씩 하고
12층 노래방으로 내려가 악을 쓰며 놀았지

레퍼토리가 없는 나는 낭창으로 때우긴 했지만
세 숙녀들은 가수 뺨치는 실력자들이었네

나이가 어떻게 된 여성들인가는 묻지 마소
여든의 내 춘추가 가장 어렸으니까 -

겸손

겸손

아는 것을 안다고 말하기도 쉽지 않고
모르는 것을 모른다고 말하기도 쉽지 않다

조금 아는 걸 가지고
많이 아는 것처럼 떠벌이는 자는 속물이다

많이 아는 사람이 모르는 척
몸을 낮추는 것은 선비다

가장 아름다운 것은
알고 있지만 모르는 것처럼 티를 내지 않는
겸손이다

도대체 제가 무엇을 그리 안단 말인가?

아이고 아이고

어디를 가겠다는 푸념인지
일어설 때도 아이고
주저앉을 때도 아이고

갈 곳도 없는데
오라 할 곳도 없는데
아이고 아이고 라니

누가 오라는 곳도 없는데
어디를 가시겠다는 것인가?

마음은 청춘이어서
산천을 내닫는데

몸은 누가 붙들어
이리 무거운가?

아이고 아이고!

나는 별로 외롭지 않다

전화 걸어오는 이도 별로 없고
전화 걸어야 할 이도 별로 없지만

나를 찾아올 사람도 별로 없고
내가 만나야 할 사람도 별로 없지만

누가 초청한 모임도 별로 없고
내가 마련한 모임도 별로 없지만

해야 할 일도 별로 없고
하고 싶은 일도 별로 없지만

나는 별로 외롭지 않다

페이스 북에 들어가면
수많은 친구들이 북적대고 있으니

시시덕거리며 노는 그들을 기웃거리면
외로울 겨를이 없다.

벨뷰우 스위트에서

   '벨뷰우 스위트'는 롯데 호텔 36층에 자리한 연회장 이름이다
   무슨 의미인지는 잘 몰라도 고급 사교장이다
   친구의 8순 기념잔치 덕분에 생전 처음 그곳을 구경했다
   국내의 내로라하는 학자 정치인 문화인 150여 명이 모여
   주인공에 대한 칭찬과 에피소드를 담은 축사를 한 시간쯤 늘어놓은 다음
   순서의 끝에 내가 맡은 프로도 끼었는데 '청산무靑山舞' 낭창朗唱이다

   푸른 산골 개울가 큰 너럭바위 위에
   비틀거리며 움직이는 한 사람이 있네
   짚신에 누더기 걸친 백발의 늙은이
   한 손엔 청려장 또 한 손엔 호리병

．

…… 중략 ……

．

개울물의 현금 소리 딱따구리 비파 소리
청설모도 들썩이고 청노루도 껑충이고
흰구름도 너울너울 청솔가지도 휘청휘청
얼씨구나 온 청산이 한바탕 춤판일세!

'청산무靑山舞'가 호텔의 넓은 홀을 흔들어 깊은 산골로 만들었다
    내 낭창이 서울 한복판 36층 높은 무대에서 처음으로 시연되는 순간이다
    쏟아지는 박수 소리가 우레와 같다.

10월은

푸른 10월은 하늘로부터 온다
검은 구름은 멀리 밀려나고 구만 리 장공長空으로 깊어진 창공蒼空
철새들 울음소리에도 푸른 물이 들어 바라다보는 눈이 시리고 시리다

맑은 10월은 강으로부터 온다
산골짝을 울리는 개울물 소리는 더욱 영롱해지고
지난 계절, 천둥에 뒤틀렸던 강물의 소요騷擾도 청정清靜을 회복했다
살이 오른 물고기의 비늘이 수정처럼 맑고 투명하다

붉은 10월은 산으로부터 온다
어느 날 아침 산모롱이에 붉은 반점처럼 돋아난 한 떨기 단풍잎이
홍역으로 번지며 급류처럼 하산하는 저 눈부신 기세를 보라

모든 잎이란 잎은 다 불태우고 들판의 둥근 과일들까지 벌겋게 익히며
　온 세상을 뒤엎는- 저 붉은 혁명을

　그러나, 그러나
　잿빛 10월은 깊고 깊은 내 마음의 골짝으로부터 온다
　안개처럼 연기처럼 가느다랗게 피어올라 내 시야를 흐리게 하고
　가느다란 벌레소리들로 나를 흔들어 잠 못 들게 하며
　다가올 설국雪國에 대한 싸늘한 예감과 함께
　별들의 나라와 떠나간 사람들의 소식에 귀를 앓게 한다.

섭囁

글을 쓰는 후배가 고향엘 다녀오며
향토주라고 술을 한 병 가져다 주었다

40도의 증류주인데 이름이 참 특이하다
〈섭囁〉이라는 상표를 달고 있다

토란으로 술을 담가 증류한 것인데
〈도란도란〉이라는 별명으로 수출까지 한다지 않
는가?

'섭囁'이 '소곤거린다'는 뜻이니
'도란도란'으로 옮겨 쓰는 것도 무방해 보인다

먼 남쪽 지리산 밑 섬진강변 돌골짝-곡성谷城
고향 사람들이 만든 술이라니 얼마나 대견한 일인가?

섭- 격이 높은 술의 이름, 신선주처럼 운치가 있다
도란도란-정다운 사람들이 도란거리며 마실 만도 하다

부디 세계적인 명주가 되어
가난한 사람들의 어깨를 좀 펴게 했으면 싶다.

꽝

페북에 책 광고를 냈다

현대시 28편과 옛시 18편을 골라 분석 감상한
내 책 『좋은 시 깊이 읽기』를 세일한다고-
1만 3천 원짜리 책값을 1만 원에
저자의 친필 싸인과 함께 할인 판매한다고…

내 페친의 수효가 물경 5천 명에 육박하니
몇 백 부쯤은 순식간에 팔리지 않겠나 기대를 하며

그런데 결과는 꽝이다
외상까지 해서 겨우 50권 나갔다
시가 인기가 없는 세상이어서 그런 건지
저자가 별 볼 일 없는 사람이어서 그런 건지

시가 씁쓸하다

세상이 적막하다.

* 그 정도면 많이 팔린 거라며 위로해 주는 사람도 있긴 하다. 내가 너무 욕심이 많은 건가?

아내의 계명·2

"술값을 먼저 내세요!"

술자리에 불려나간 내게
아내가 당부를 한다

술값은 안 주면서
술값을 먼저 치르라니…

그래도 아내의 충고가 무던해서
술값을 내가 치르겠다고 나서면

내 형편 뻔히 아는 상대방이
가만있질 않는다

"그래, 다음에 내게, 다음에 내!"
그래서 계명의 실천은 또 연기된다

술도 못 자신 아내는 어떻게 알았을까?

술자리에서 오간 얘기가
술값보다 더 비싸단 사실을…!

고목에 검버섯 피듯

몸이 낡으니
달라붙는 것도 많다

허리가 부실해 걷는 것도 시원찮은 데다
발가락 사이에 무좀이 뿌리를 내려
움직이는데 더 불편하다

머릿속은 비듬이 극성이고
기침은 심해 잠은 설치며
눈물은 늘 끊이질 않는다

이빨 다 빠진 건 그만 두고라도
고혈압에 부정맥
밥보다 약을 더 많이 먹으며
거기다 술까지 매일 부어대니

허물을 벗으려나
몸이 가려워 견딜 수가 없다.

오늘도 열 권을 팔다

오늘 아침 책을 싸들고 우체국으로 가는 나를 보고
아내가 또 한 말씀 하신다

"책 좀 그만 파세요!"

아내의 마음을 모르는 바 아니다
한평생 선비처럼 조용히 살아온 내가 늘그막에
도붓장수처럼 추레해진 몰골이 안쓰러운가 보다

"그래, 알았어!"

대답은 그렇게 하면서 오늘도
지인들과 나누어 보겠다며 10권을 청하는 이가 있으니
어찌 거절을 할 수 있단 말인가?

이른 겨울 아침 날씨는 쌩쌩하지만

발걸음도 가볍게 우체국으로 내닫는다.

* 졸저 『좋은 시 깊이 읽기』(움, 2014) 재고본 할인판매 얘기임.

어떻게 살아야 하나?

이 세상에 오게 된 것은 우리의 의사와는 무관하지만
기왕에 온 것이니 살긴 살아야 할 판이다

그럼 어떻게 살아야 하나?

그냥 아무렇게나 산다고?
그럴 수는 없잖은가?
남이 맛있는 걸 먹으면 나도 먹고 싶고
남이 멋있는 옷 입으면 나도 입고 싶고
남이 큰 집에 살면 나도 그런 집에 살고 싶고
남이 떵떵거리며 살면 나도 그래 보고 싶지 않은가?

농부가 될까? 어부가 될까? 사업가가 될까?
운동선수? 배우? 의사? 변호사? 정치가?
이 세상엔 할 일도 많고 직업도 참 많다

돈 많이 모아 호의호식하며
여유롭게 살다 간 사람들도 많고
의사라도 개인의 영달을 돌보지 않고
이태석 신부처럼 의로운 삶을 살다간 사람도 있지
않던가?

삶의 크기-삶의 길이는 무엇으로 재지는가?
얼마나 오래 살았는가-긴 수명으로 따질 것인가?
쌓아올린 경제적인 성과로 측정할 것인가?
누렸던 부귀영화로 평가할 것인가?
아니면, 세상을 주름잡았던 권세라고?
천만에,
그가 세상 사람들의 가슴속에 남긴 감동의 크기다
그 감동이 당대로 끝나느냐?
아니면, 백년을 가느냐 천년을 가느냐
그것이 문제다!

정의로운 이들이 목숨을 바치며 투쟁한 까닭이 여기에 있고
작가들이 생명이 긴 명작을 쓰려고 고군분투한 이유도 여기에 있다.

효자손

80을 넘으니 등이 더 가렵다

옛 어른들이 자주 어린 손자들을 불러
그 꼬막손으로 등을 긁게 하셨는데
그 까닭을 인제 알 만하다

알맹이 다 따낸 옥수수 깡치에
싸리나무 막대를 꽂아 만든 등긁개

댓조각 끝을 잘 구부려
긁기 편하게 만든 효자손
그것이 왜 필요했는지 알 만하다

의사들은 긁지 말라고 하지만
가려운 걸 어찌 긁지 않고 견딘단 말인가?
긁으면 이렇게 시원해 좋은 걸!

나는 외로운 친구를 좋아한다

'좋아요'를 몇 개 안 달고 있는
그런 친구의 문앞에 서서 '좋아요'를 누르며
외로워 마세요. 내가 있잖아요
라고 내가 내게 말하듯 그렇게 중얼거리며
한동안 서성이다가 나온다

'좋아요'를 수백 개 달고 있는
문전성시를 이루고 있는 그런 친구의 집앞은
그냥 지나쳐도 무방하다
그런 집엔 내가 발 들여놓지 않아도
외로워할 겨를이 없을 테니까

외로운 친구여
수많은 친구들 거느리며 북적대는 사람들
너무 부러워할 것 없다
그들이 그렇게 되기까지는

얼마나 많은 사람들에게 공을 들였겠는가?

또한 그 많은 친구들을 거느리기 위해
얼마나 그들의 시중을 열심히 들어야 하겠는가?
당신도 그럴 시간과 능력이 있다면
부러워하지만 말고 그렇게 열정을 쏟아 보시라

나는 쏟을 시간도 열정도 없으니
그냥 빈둥대며 지낸다
이러한 나를 그래도 좋아하는 몇 사람 아직 있어
가끔 그들과 회희낙락하며 '좋아요'를 누른다.

두문杜門

밖에 나갈 일이 없으니
하루 종일 문이 닫혀 있다

찾아오는 사람 없으니
해 지도록 문을 열 일도 없다

혼자서 시를 쓰다
혼자서 흥얼거리다

전화도 인터넷도 닫아놓고
스스로 위리안치圍籬安置 중이다.

적막한 부음

문자메시지가 와서 열어 보니
부음이다
고등학교 동창이 또 한 사람 떠났다

학교 다닐 때 고생고생하며 지내다
자수성가하여 괜찮게 지내던 친구인데
참 아쉽다

코로나 전염병으로
조문도 사절한다며 알리는
적막한 소식

부디 저 세상에 들어
평안하시게나!

시수헌詩壽軒 찾기

지하철 4호선 수유역에서 내려
8번 출구를 찾아 나오세요

큰 도로를 따라 직진하다
교차로 건널목이 나오면 건너시고요

계속 큰 도로를 우편에 끼고 전진
수많은 점포들 무시하고
수유3동 우체국이 나올 때까지

우체국을 지나 조금 더 가면
차가 드나들 수 있는 도로를 만날 겁니다
그 도로를 타고 좌회전하여
한 300미터쯤 직진하다 보면
좌편에 〈행복식당〉이라는 간판을 매단
4층 붉은 벽돌 건물이 보이는데

그 건물의 2층이 바로
〈월간 우리詩〉를 만들고 있는
시수헌詩壽軒입죠

그래도 못 찾겠걸랑
〈남원추어탕〉집이나 〈봉초밥〉집을 찾아
술 먹고 노닥거리며 음풍농월하는
시쟁이들의 사랑방이 어딘가 물어보면
아마 일러줄 겁니다

허참,
지번을 일러 드리면 쉽게 찾을 걸 그랬나?
강북구 도봉로 97길 69, 행복식당 2층,
전화 02-997-####

* 이 사랑방 시수헌도 운영비가 없어서 2024년을 제대로 버틸지 모르겠다.

한번 출마를 해 봐?

한국의 국회의원 대우는
일본 이탈리아에 이어 세계 3위라고 한다

세비가 월 1천 2백 65만 원
연봉 1억 5176만 원이다

한편 보좌진을 9명까지 둘 수 있다
보좌관 4급 2명
비서관 5급 2명
비서 6, 7, 8, 9급 각 1명씩 4명
그리고 인턴직원 1명
그들에게 지급된 급료는 연 4억 5천만 원 정도
이들의 인사권은 당해 국회의원이 쥐고 있다

국회의원은 현행범인이 아닌 이상
회기 중 국회의 동의 없이 체포 또는 구금되지 아니한다

국유의 철도·선박과 항공기를 무료로 이용할 수 있다

국회의원을 해 먹겠다고
아우성을 치는 이유가 다 없지 않다

친구여, 그대도 한번 출마를 해 봐?

천상의 군병들

한때 지상을 누비던 거구 맘모스는
지금 고고학 박물관에 뼈로만 남아 있다

손을 가진 인간들이 무기를 만들면서
세상을 주름잡는 권좌에 올라섰다

그 인간들이 불의 힘을 빌어
지상의 자연을 무너뜨리기 시작했다

산을 허물기도 하고 강을 막기도 하고
동식물의 종자를 개량하여 잡종을 만들기도 한다

이 고얀 놈들 가만둬서는 안 되겠다고
하늘이 진노하여 천상의 군병軍兵을 움직였다

눈에 보이지도 않는 작은 바이러스-균병菌兵들

인간의 몸만을 공격하여 육신을 파먹는…

지상의 영장이라고 오만하던 인간들
속수무책 넋을 놓고 한탄하고들 있다

강자는 힘이 센 덩치 큰 놈이 아니라
눈에 보이지도 않는 작은 놈들이라니…

최후의 심판은 이렇게 오고 있는가?
인류의 역사는 이렇게 막을 내리는가?

제왕도 장군도 신부도 스님도
하늘만 쳐다보며 한숨만 내쉬고 있다.

소주 점심

어제는 남원집에서 돼지고기두루치기를 시켜놓고
난정*과 무심천* 그리고 나 세 사람이
점심으로 빨간딱지 3병을 비웠다

이런저런 얘기 끝에
무심천 화백이 그린 유화 〈눈부신 아침〉의 근황을 묻자
지방의 어떤 이가 가져갔는데 지금의 행방은 묘연하단다
점박이 젖소가 아침 햇살에 시원하게 오줌을 갈기고 있는 그림인데
연락이 되면 그 그림을 다시 사들이고 싶다고 했다

화가들은 곤궁했을 때 헐값으로 판 그림을 다시 사들여
소장하고 있다가 제값을 받고 되팔기도 하는 모양이다

고료도 못 받고 세상에 그냥 쏟아내는 시들은
언제 인세라도 챙길 수 있는 날이 올지 아득하고
괴질 코로나19는 온 세상을 쑥대밭으로 뒤집어 놓고
북한은 계속 동해상에 미사일을 날리고 있고…

"여기 소주 하나 더!"
난정이 카운터를 향해 소리를 지른다
도합 4병이다.

* 난정蘭丁 : 홍해리 시인.
* 무심천無心川 : 박홍순 화백.

깊은 뜻

마스크 소굴

어쩌다 밖에 나가 보면
오가는 사람들의 얼굴이 다 마스크로 가려 있다

마치 도적들의 소굴에 들어온 것처럼
낯설고 으스스한 느낌이 든다

눈에 보이지도 않는 작은 균병菌兵들에게 맞서는
부드러운 방패? 아니, 엉성한 보호막이다

1주일에 2장, 해당 요일에 약국에 가면 구입할 수 있다고
정부에서는 열심히 홍보를 하지만

몇 번 갔다가 허탕을 치고 돌아온 아내는
헌 마스크를 그냥 몇 주일째 쓰고 시장엘 다닌다

이러다간 마스크 사러 왔다갔다하다 오히려
균병들에게 잡히지나 않을지 걱정스럽다.

* 2020년 3월 코로나19의 창궐로 시민들이 마스크를 쓰고 외출을 했다.

권속들

한 임금이 거느린 백성들이 많은 건
익히 아는 사실이지만
가장인 내가 거느린 권속들도 만만치 않다

처자 식솔들은 그렇다손치더라도
집에 딸린 가재도구들이며
서가에 꽂혀 있는 잡다한 책들이며
몇 점의 그림과 수석과 화분들 하며
돌봐야 할 것들이 부지기수다

거기다
발가락 사이에 붙어 살고 있는 무좀들이며
머리 속의 비듬이며
내장 속에 숨어 살고 있을 수많은 기생충
이들이 다 내게 딸린 권속들이 아닌가?

내가 끼니마다 열심히 취한 음식들이
나만을 생각하는 것이 아니라
나와 더불어 사는 모든 식구들과
함께 나누는 일이라고 생각하니

내 몸뚱이도 하나의 제국처럼 느껴져
내 어깨도 십자가를 진 듯 무겁다.

건국 모색

파키스탄, 타지키스탄, 카자흐스탄
키르키스스탄, 우즈베키스탄, 아프카니스탄

어디에 붙어 있는지도 잘 모르는
무슨 스탄이란 이름의 나라들이 나를 헷갈리게 한다

이런 이름을 가진 나라들은 이슬람국가들이라는데
'스탄'은 '땅'이라는 의미라고 한다

'리치스탄'이란 말도 있는데
이는 100억 원 이상의 자산을 가진 부유층을 이르는 말이란다

나도 이참에 나라를 하나 세워 본다?
이름하여 '詩人 스탄'이라고 해 볼까?

법도 종교도 국경도 세금도 경찰도
빈부귀천도 없는 나라

하지만…

시인들은 많은데
어디에 빈 '땅'이 있어야지…!

긴 한나절

2019년 8월 25일 일요일 정오

김종필 공적비가 세워져 있고
정한모 시비 〈새〉가 있는

부여 구드래 조각공원 등나무 밑에 홀로 앉아
낙화암 답사를 떠난 〈우리시〉 식구들을 기다린다

쓰르라미 자그러운 소리를 듣다
비둘기 구국거리는 소리를 듣다
녹음 밀려오는 소리를 듣다…

사라진 600년 백제 왕조
한나절이 참 길다.

참 놀라운 일이다

나는 몇 식구 거두어 먹이기도
이리 힘겨운데

수많은 가축들을 돌보며 살아가는
저 목장의 주인 참 대단하다

아니, 수천만 백성들을 살리겠다고 나선
저 정치꾼들 참 기똥차다

어디 그뿐인가
전 인류를 사랑하겠다고 나선 성현은 어떠시고
모든 중생을 구원하겠다는 부처는 또 어떠신고?

나는 이 몸뚱이 하나 건사하기도
이리 힘겨운데…

참 대단한 분들이다!

태풍

태풍에 나무가 뽑히고 지붕이 날라간다
바람이 참 무섭다고들 한다

강풍 폭풍 태풍 허리케인…
그런데, 그 바람들은 왜 일어나는가?

바람은 공기의 이동이다
기압이 높은 곳에서 기압이 낮은 곳으로의 이동

그런데 공기의 기압을 좌우하는 것은 무엇인가?
바로 햇볕이 아닌가!

낮에는 뭍의 온도가 높아
바다에서 육지로 부는 해풍이 일고

밤에는 바다의 온도가 높아

뭍에서 바다로 부는 육풍이 일어난다

그러니 바람을 일으키는 주체는 태양
그 태양이 이 지상을 휘어잡고 있다.

오우五友

오암五巖 정영식鄭永植
오공五空 박봉간朴奉墾
오두五豆 오병선吳炳善
오집五集 이이화李離和
오대五臺 강홍기姜洪基

평생 문학을 하겠다고 기염을 토하며
호를 나누어 가지며 결의를 다졌던
고등학교 2학년 시절의 다섯 친구들

하지만 사회에 나오자 생각들이 바뀌어
오암은 목사가 되고
오공은 방송국 기자가 되고
오두는 판사가 되고
오집은 역사학자가 되고
끝까지 문학을 지킨 놈은 나 오대뿐

암巖은 세상과 궁합이 맞지 않아 일찍 떠나고
공空은 요르단에 유람 갔다가 비명횡사하고
두도는 전립선 암을 앓다가 아깝게 떠나가고
남아 있는 놈은 집集과 대臺 둘이었는데
허나, 가는 길이 서로 달라 자주 만나지도 못했다

어제 집集이 마지막 떠나갔다는 부음을 받았다
이제 지상에 남은 건 시를 쓰는 오대五臺 나 혼자뿐
사고무우四顧無友의 외로운 신세가 되었구나

먼저 간 친구들아 그곳에서 또 다시 만나면
무슨 모임 하나 다시 만들자 하지 말라
모임은 무슨 모임, 술이나 한잔 하면서
희희덕거리고 놀면 되는 게지…

부디 지상에서 못다 푼 한이 있거들랑
천상에서 마음껏 푸시게나!

국력은 무엇인가?

국력- 나라의 힘은 무엇인가?

국토가 얼마나 넓으냐 인가?
자원이 얼마나 많으냐 인가?
달러를 얼마나 많이 가졌냐 인가?

얼마나 과학이 발전해 있느냐 인가?
얼마나 막강한 군대를 보유하고 있느냐 인가?

아니다!
'사람의 입' 곧 인구人口가 얼마나 많으냐 이다!
동네에서도 식구가 많은 집이 떵떵거리며 지낸다
미국과 맞장뜨는 중국도 인구의 힘 때문이다

결혼을 소홀히 생각하는 젊은 사람들아,
자식 낳아 기르기를 꺼려하는 젊은 부부들아,

그대들의 가장 큰 자산은 자손이다

우리 대한민국도 세계의 열강에 끼이려면
적어도 1억이 넘는 인구를 가져야만 한다

인력이 곧 국력이다
많이 낳아 잘 길러야 한다.

나의 일상

아침에 눈을 뜨면 화장실에 갔다가
휴대폰을 점검하고 컴퓨터를 켠다

내게 온 메일이 있는지 확인하고
내가 하는 카페(자연과 시의 이웃들)에 들어가
올라온 새 글들을 읽고 답글을 단다

그리고 페이스 북에 건너가
어제 올린 내 글에 대한 호응도를 확인하고
댓글이 있으면 답글을 쓴다

나를 좋아하는 페친들은 날마다
올린 글도 채 읽지 않고 '좋아요'를 누르기도 하고
댓글을 달아 자신의 건재를 과시하기도 한다

이게 무슨 허접한 삶인가 싶어

나는 나만의 내 작업에 들어간다
〈한글〉을 열어놓고 어제 쓴 내 시를 점검하며
퇴고를 하기도 하고 새 글을 쓰기도 한다

온종일 컴퓨터 앞에 앉아서
썼다가 지우고 또 썼다가 지우고 하며
세상을 뒤집을 책략과 음모를 꿈꾸다가

"어서 오세요!"
안주를 준비해 놓고 아내가 부르는 소리에
화들짝 미소를 지으며 식탁으로 간다

내가 담근 35°매실술- 운수주를 즐길 시간
황금의 오후 5시다!

가축들의 반란

좁은 닭장 속에 갇힌 한 암탉이 생각했다
이렇게 좁은 철망 속에 평생 갇혀 살 수는 없다고
그리하여 먹기를 거부하고 알을 낳지 않았다
이 소식이 옆 닭장 속의 다른 닭들에게 전해지자
그들도 옳다고 생각하며 동조하기로 했다

이 뉴스가 그 옆 돼지축사의 돈공豚公들에게 알려지자
돈공들도 꿀꿀거리며 구수회의를 했다
그리고 저희들도 이렇게 갇혀 살 수는 없다며
우리를 박차고 밖으로 뛰쳐나가 고래고래 소리를 질렀다

그 고함소리가 젖소목장의 젖소들에게 들리자
얌전하던 젖소들도 생각했다
우리는 저놈들보다 더 심하게 착취당하는데
이대로 가만히 참고 있어서는 안 되겠다며

그들도 외양간을 막차도 뛰쳐나갔다

그런데 막상
밖으로 뛰쳐나온 돼지며 젖소들이 할 일이 없었다
겨울이어서 날씨도 춥고 먹을 것도 없어
빈둥거리다 보니 배가 고팠다
배고픔을 못 견딘 돼지가 그래도 우리속이 낫다며
축사로 다시 돌아가자고 했다

그리하여 축사와 목장은
돼지와 젖소들로 다시 채워지고
이 소식을 들은 닭장 속의 닭들도
그만 단식농성을 풀고 알을 낳기 시작했다.

어디로 가 본다?

삼각산 밑에서 반세기를 살았으니
인제 어디로 옮겨 볼 만도 하다

김제 만경 시원한 들녘으로?
파도 넘실대는 남해 바닷가로?

알프스가 건너다보이는 스위스?
백야의 땅 아이슬란드?

남미 칠레도 괜찮겠고
뉴질랜드도 무방키는 하다마는

글쎄, 어디서 누가 오라는 이도 없고
이 몸으로 품팔이를 할 수도 없으니

'걸어서 세계 속으로'나 보면서

들뜬 마음을 달래는 수밖에…

* '걸어서 세계 속으로' : TV 여행 프로그램.

노취 老臭

내복을 갈아입으세요
샤워를 하세요

내 방에 들어올 때마다
아내의 잔소리다

늙으면 모양만 추한 것이 아니라
몸에서 냄새가 나는가 보다

살이 썩는 냄새일까?
피가 삭는 냄새일까?

늙음에도 향기를 주시면 좋으련만
난초처럼 그윽한 향훈을…

하기사 그리되면

서로 어서 늙겠다고 야단들일까?

그런 미련 두지 말고 그냥 떠나라는
하늘의 뜻인가 보다.

나는 이번 총선을 거부한다

국회의원은 무엇하는 사람들인가?

나라와 백성들을 위해 입법 활동을 하는 사람들이라고?

민의를 대변해 국정을 보살피는 사람들이라고?

그것이 국회의원의 본분이라면

그러한 본분을 양심적으로 성실하게 수행한

민의의 대변자가 누가 있었는지 나서 보라

개인적인 야욕이나 당리당략을 넘어서서

나라와 백성만을 위해 고군분투한 선량이 있었다면

'나, 여기 있다!'고 소리치며 나서 보라

그런 사람이 한 사람이라도 있었는가?

만일 그런 사람이 한 사람이라도 있었다면

나는 이번 총선 일에 투표장에 나갈 것이다

그러나 내가 보기엔, 참 불행하고 안타깝게도
그런 선량이 한 사람도 보이질 않는다
아, 이 일을 어찌하면 좋단 말인가?

국회가 그런 무뢰한들의 소굴이 되어서는 안 된다
국회가 그런 철면피들의 직장이 되어서는 안 된다
국회가 그런 불량배들의 각축장이 되어서는 안 된다

국회를 확 바꾸어야 한다
국회의원을 세비가 없는 명예 봉사직으로 해야 한다
그래야 헌신적이고 현명한 선량들을 맞을 수 있다

나는 이번 총선 일에 투표장에 나가지 않을 것이다
여든 야든 누구를 선택한들
'그 나물에 그 밥'의 꼴이기 때문이다.

고맙고 고맙도다

코로나19로 지옥이 되다싶이 했던
대구의 동포들을 구제하기 위하여

개인의 안위를 돌보지 않고 달려가
희생봉사한 이들이여 고맙고 고맙도다

의사며 간호사 그리고
자원 봉사자 여러분 참 갸륵도 하다

당신들은 이 땅, 이 민족의 미래를
환하게 밝히는 구원의 빛이로다

복이 있을진저!
복이 있을진저!

이 강토와 그대들에게
천복이 함께할진저!

참!

여든두 해를 산 노인이
우이천가에 우두커니 서서
억만 년 인수봉을 바라본다

그러다
서녘 하늘에 지는 해를 향해
머리를 긁적이며 중얼거리기를

지구, 이 땅덩어리가
너를 겨우 100바퀴 돌 때까지도
붙어 살기 힘들구나…

오십보백보

눈이 작은 개미는 큰 산을 못 보고
개울 속 올갱이는 큰 바다를 모른다

망원경으로 천체를 엿본다고
우쭐대는 사람들아!

너희도
개미요, 올갱이다!

깊은 뜻

돈을 많이 허락지 않으신 뜻을
유명하게 만들지 않으신 까닭을

이젠 조금 짐작하겠다
이젠 조금 알 만하다

떠날 때 무겁지 않게 하려고
떠날 때 걸리지 않게 하려고

책 치울 일도 걱정이거늘
정 뗄 일도 큰일이거늘…

불멸의 충고

아직 생산의 능력이 있다면
출산에 인색하지 마시라

태어나면 다 잘 살아간다

당신의 근신이
한 사람의 아인슈타인을
한 사람의 모차르트를
혹은
한 사람의 빌게이츠를
잃게 한 것일 수도 있다

그러면
당신은 게으름뱅이를 넘어
이미 죄인이다.

탄로가 嘆老歌

물정 모르고 며칠 바장대다
문득 오늘 아침 거울을 보니
소년이 있던 자리
웬 노인이 내다보고 서 있네

그 칠흑의 머리 어디로 갔나?
그 푸른 눈썹 누가 앗아갔나?
그 맑던 눈동자 왜 저리 흐려지고
그 백옥의 이들은 언제 떠났나?

어제는 홍안 소년이더니
오늘은 백발노인이로구나!
세월이 전광석화라더니
옛 말이 빈말이 아니로고!

월주국

초판 1쇄 | 2024년 4월 23일

저　자 | 임보
발행인 | 윤승천
발행처 | (주)건강신문사

등록번호 | 제25100-2010-000016호

주　소 | 서울특별시 은평구 가좌로 10길 26
전　화 | 02)305-6077(대표)
팩　스 | 0505)115-6077 / 02)305-1436

인터넷건강신문 | www.kksm.co.kr
한국의첨단의술 | www.khtm.co.kr

ISBN 978-89-6267-148-3 (03810)

◆ 잘못된 책은 바꾸어 드립니다.
◆ 이 책에 대한 판권과 모든 저작권은 저자와 (주)건강신문사에 있습니다.
◆ 허가없는 무단인용 및 복제·복사·카페·블로그·인터넷 게재를 금합니다.

임보마음학교

소재지 | 서울시 강북구 도봉로274번지 4층403호
전화번호 | 010-8466-1082
이메일주소 | letsgo65@naver.com
우편번호 | 01128

BA
새마을금고
9002160450760